Das Buch des Lichts für Kinder

Impressum
Englischer Originaltitel: THE BOOK OF LIGHT
Library of Congress, TXU 541243
Washington D.C., 02.01.1991
Illustrierte Zusammenfassung für Kinder
Coverbild: Patita Dikshita
Copyright ©: Verlag Elke Straube
Coverdesign: Steffen Hartmann
Illustrationen: Patita Dikshita, Dalia Chaaban, Martina Meißner
Herstellung: Books on Demand GmbH
ISBN: 978-3-937699-40-0

DAS BUCH DES LICHTS FÜR KINDER

Lanoo

(Christian Anders)

Das Buch des Lichts für Kinder ist eigentlich auch der ideale Einstieg für Erwachsene, denn dieses Buch erklärt die Basis der Lehre leicht verständlich. Von diesem Grundwissen ausgehend ist es auch für Erwachsene leichter, die GESAMTE Lehre des BUCHES DES LICHTS, also alle zehn Bände, zu verstehen. Des Weiteren: Selbst wenn Kinder noch nicht lesen können, aber bereits Worte verstehen, könnten Erwachsene dem Kind dieses Buch vorlesen. Ein Hörbuch wird bald erhältlich sein.

VORWORT

Liebe Kinder,
ihr seid die Zukunft! IHR müsst einmal das fortführen und verantworten, was euch die Erwachsenen gelehrt bzw. hinterlassen haben. Aber ist auch alles richtig und wahr, was euch die Erwachsenen erzählen und was ihr da in der Schule lernt? Vieles ja, doch so manches bleibt auch unerwähnt bzw. viele Fragen bleiben unbeantwortet. Als ich so jung war wie ihr, da verstand ich schon rein gefühlsmäßig vieles nicht, was so in der Welt geschieht. Ich fragte also die Erwachsenen: **Wo komme ich her? Wer bin ich? Was mache ich hier? Was ist denn meine Zukunft? Bin ich wirklich tot, wenn ich sterbe?** Auf solche Fragen erntete ich oft verwunderte, ja zum Teil fast böse Blicke. Wie kann der Kleine es wagen, solch einen Unsinn zu fragen?! Ich fragte auch: **Was ist die Sonne?** Die Erwachsenen und der Lehrer in der Schule erklärten mir, dass die Sonne ein Ball in Verbrennung ist und schon seit Millionen von Jahren brennt. Ich fragte: **Wenn das so ist, warum ist die Sonne dann nicht schon längst ausgebrannt? Warum dreht sich die Erde immer noch, wenn sie nur ein Klumpen Materie in Drehung ist?** In der Schule, in Physik, behandelten wir (später) dann das Prinzip der gleichmäßig beschleunigten Bewegung. Dieses Prinzip besagt: Ein Körper wird gleichmäßig beschleunigt, wenn auf ihn eine konstante Kraft wirkt. Ansonsten kommt der durch einen Impuls bewegte Körper wieder zum Stillstand. Alles klar. Ich fragte: **WAS ist der erste Impuls und dann die konstante Kraft, welche die Drehung der Erde und das Brennen der Sonne IMMER NOCH aufrecht erhält?** Jemand in der Klasse rief: DER LIEBE GOTT. Und alles lachte.
Eine Frage aber bewegte mich bereits als Kind und dann als Jugendlicher besonders: WARUM LEIDEN UNSCHULDIGE MENSCHEN? Wenn ein Gott sie erschaffen hat, wie kann er das zulassen? Hat er sie erschaffen, damit sie leiden? Und wenn manche sagen, dass dies so ist, weil die ELTERN des Kindes gesündigt haben, warum bestraft Gott dann nicht die ELTERN, sondern die Kinder für die Taten der Eltern? Die Bibel lehrt, dass jeder Mensch das erntet, was er gesät hat! Was hat EIN KIND gesät, um zu ernten, dass es an AIDS in Afrika stirbt? Warum verhun-

gern jeden Tag 25.000 Kinder, während es anderen Kindern gut geht und sie geliebt und behütet aufwachsen?

Manche argumentieren, dass Gott dem Menschen den freien Willen gab. ABER: Ein allwissender Gott muss doch GEWUSST haben, WIE der Mensch sich entscheiden wird, NOCH BEVOR ein solcher Gott einen solchen Menschen überhaupt erschaffen hat. Dann wiederum wäre der Mensch ein AUTOMAT, und nicht ER verantwortlich, sondern sein angeblicher Schöpfer, nämlich GOTT.

Seht ihr, liebe Kinder, alle diese Fragen UND MEHR beschäftigten mich, als ich in eurem Alter war und auch später. Und ich suchte verzweifelt nach der Antwort. Schließlich fand ich die Antwort auf ALLE meine Fragen im BUCH DES LICHTS - Ursprung und Bestimmung von Mensch und Universum. Es vereint alle Religionen und Wissenschaften auf Erden, und es wird uns wieder den lang ersehnten Frieden auf Erden schenken. Es wird dann auch keinen Grund mehr geben für die verschiedenen Religionen, sich zu bekämpfen, denn ihre Gläubigen werden erkennen, dass ALLE Religionen dasselbe lehren, wenn auch verborgen hinter verschiedenen, fast märchenhaften Geschichten und Gleichnissen. Bevor ihr euch aber mit dem BUCH DES LICHTS befasst, bitte ich euch, erst **dieses** Buch hier zu lesen: DAS BUCH DES LICHTS FÜR KINDER. Wenn es euer Interesse auf mehr geweckt hat und noch Fragen in euch aufwirft, DANN seid ihr bereit für DAS BUCH DES LICHTS – Ursprung und Bestimmung von Mensch und Universum.

Seid beschützt, und möge euch allen nur Gutes geschehen.

Liebe und Licht
Euer LANOO (Christian Anders).

Ich danke Patita Diskhita und Nilakantha Agni für ihre unermüdliche Hilfe beim Verbreiten der Lehre, sowie Patita Dikshita, Dalia Chaaban und Dr. Abu Raya für die wunderschönen Zeichnungen.
Mein besonderer Dank gilt auch meiner Verlegerin Elke Straube für ihre Übersetzungen des Buches des Lichts aus dem Englischen THE BOOK OF LIGHT. Ohne sie hätte ich das alles nicht geschafft.

Liebe Kinder, vor Millionen von Jahren gab es auf der Erde EIN WIS-SEN, welches uns die Engel verkündeten. Dieses Wissen lehrte uns, dass wir alle einer Quelle entstammen und wieder dorthin zurückkehren. Diese Quelle ist Gott. Es herrschte Frieden auf Erden, denn JEDER Mensch kannte seinen Ursprung und seine Bestimmung, gelehrt und geleitet von Engeln, die vor vielen Millionen von Jahren auf die Erde hernieder schwebten.

Doch dann, als der Geist immer tiefer in die Materie fiel, zersplitterte dieses Wissen in die vielen Religionen von heute und führte zu den bestehenden Problemen zwischen Muslimen, Christen und anderen Religionen bzw. deren Anhänger und zu den Kriegen von heute, alle verursacht durch das Gefühl der Getrenntheit sowie dem rasenden Klammern an der vergänglichen Persönlichkeit.

Und das Ergebnis: TOTALE ZERSTÖRUNG!

Als ich obdachlos in Los Angeles unter einer Brücke saß, erschien mir eine Wesenheit und sagte: „Es ist dir bestimmt, alle Religionen und Wissenschaften auf Erden wieder zu vereinen." Die Wesenheit sorgte dafür, dass ich nicht mehr obdachlos war und sicher untergebracht wurde bei lieben Menschen. Dann erschien die Wesenheit wieder und sagte: „Setz dich hin und schreibe." Sie diktierte mir DAS BUCH DES LICHTS, eben jenes Wissen über Ursprung und Bestimmung von Mensch und Universum, welches uns einst, vor langer, langer Zeit in Frieden und Glück vereinte.
Ich gehorchte und schrieb DAS BUCH DES LICHTS. Ein sehr wichtiges Kapitel daraus ist DAS BUCH DES LICHTS FÜR KINDER.

Dies ist deine Seele. Sie ist von Gott gesandt, mit dem du IMMER verbunden bist, auch wenn es oft nicht so zu scheinen mag. Die folgenden Illustrationen zeigen die Seele über dem Körper, in Wirklichkeit ist sie IN DIR. Leben für Leben erscheint die Seele auf Erden. So lernt sie durch eigenes Tun, was gut und schlecht ist, Leben für Leben.

Aber die Seele, deine Seele, ist nicht allein. Sie wird von Engeln beschützt und von Menschen, denen du begegnest. Vertraue nur auf Gott, er ist immer da und hilft dir, und nicht immer wird es so sein, wie du es dir wünschst oder vorstellst. DU musst auch etwas dazu tun. Deshalb auch das Sprichwort: Hilf dir selbst, dann hilft dir Gott. Am meisten kannst du dir und anderen helfen, indem du dieses Buch immer und immer wieder liest oder es dir vorlesen lässt und dieses Wissen auch weitergibst.

Manchmal ist deine Seele ein Junge:

Und manchmal ein Mädchen:

Deine Seele ist viele Millionen Jahre alt. Deine Seele hat viele Dinge gesehen und war schon fast alles. Ein König

Und im Leben davor vielleicht ein Bettler

Manchmal warst du ein guter Mensch, der anderen geholfen hat, und manchmal warst du vielleicht ein egoistischer Mann oder eine Frau und hast andere nur benutzt. Aber immer und durch viele Leben war es ein

und dieselbe Seele, obwohl ständig wachsend und lernend und zurück-
kehrend in die Schule, Erde genannt, immer und immer wieder, um zu
lernen. Das Ziel ist, dir bewusst zu werden, dass du keine Seele „hast",
sondern, dass du die Seele selbst BIST, eine unsterbliche Seele. Zu diesem Zweck gehst du viele Leben lang in vielen sterblichen Körpern „zur
Schule". Irgendwann einmal, wenn du VERSTANDEN hast, dass du
Gott BIST, wirst du NIE MEHR STERBEN, sondern, wenn dein Körper
vergeht, wirst du VOLLBEWUSST einen anderen Körper annehmen. Du
kannst aber auch in die GOTTHEIT versinken bzw. EINS mit dem göttlichen Urgrund werden, der Urquelle allen Seins. Dann kannst du sagen:
Ich bin, der ich bin. Dann kannst du sagen: ICH BIN GOTT!
Wenn dir einmal bewusst ist, dass du Gott BIST, dann wirst du Glück
und Seligkeit ohne Ende erfahren.
Wie sich das dann anfühlt? Nun, stell dir den schönsten Augenblick in
deinem Leben vor. Vielleicht, als du mit deinen Eltern im ZOO warst.

Oder Weihnachten zu Hause mit vielen Geschenken

Aber freu dich nicht zu sehr über weltliche Dinge. Sie sind vergänglich, und je mehr du dein Glück davon abhängig machst, umso enttäuschter wirst du sein. Materielle Geschenke können wahres Glück nicht ersetzen, und WAHRES Glück erfährst du nur, wenn du es mit ANDEREN teilst, ihnen hilfst, wo du nur kannst. Und am MEISTEN hilfst du den Menschen, indem du diese Lehre verbreitest, denn sie lindert das Leid und hilft, alle Probleme im Leben zu lösen, indem man plötzlich erkennt: ES GIBT GAR KEINE PROBLEME!
Damit will ich dir aber nicht die Freude am Leben nehmen. Im Gegenteil, denk weiter daran: Wo oder wann warst du außerdem noch glücklich? Als du einen spannenden Film gesehen hast?

Oder als du mit Freunden gespielt hast?

Oder als du einfach nur glücklich unter einem Baum gesessen hast. Oder erinnere dich an eine andere glückliche Situation in deinem Leben.

Nun multipliziere dieses Glücksgefühl eine Million Mal. Das ist die Natur deiner Seele. So glücklich wirst du dann sein, wenn du GOTT in dir fühlst. Und du wirst ALLES und ALLE lieben! Dieses Gefühl wirst du bekommen, wenn du dich entschließt, NUR GUTES zu tun.

Dann willst du nur noch eines wissen: Was kann ich für ANDERE tun?
Zum Beispiel:
Du hilfst alten oder behinderten Menschen, die Straße zu überqueren ...

Du hilfst im Haus, z.B. deiner Mutter beim Abwaschen oder bei anderen
Arbeiten.

Du könntest deiner Schwester oder deinem Bruder oder anderen Kindern bei den Schulaufgaben helfen.

HILFE!

Es gibt viele, viele Möglichkeiten, anderen zu helfen. Und je mehr du anderen hilfst und sie liebst, umso schöner ist nicht nur dein Leben hier auf Erden, sondern auch später, nachdem du gestorben bist bzw. du deinen physischen Körper verlassen hast und im Himmel angekommen bist, in deinem GEISTIGEN Körper. Und nach dem Himmelsleben, wenn du zurück auf die Erde in einen neuen Körper kommst, hast du ein wunderbares, friedliches und glückliches Leben, denn du hast es durch dein Leben davor SELBST VERDIENT bzw. durch rechtes Verhalten erarbeitet. Was ist rechtes Verhalten? Gutes Reden, Denken und Handeln. DANN erntet man das GUTE, das man gesät hat, LEBEN FÜR LEBEN. Das nennt man Karma und Reinkarnation oder Wiedergeburt in einem neuen Körper, Leben für Leben.

Du wirst dich vielleicht fragen: Kommen alle in den Himmel, gute **und** schlechte Menschen?

Nein, das wäre nicht gerecht. Wenn ein schlechter Mensch auch gleich in den Himmel kommt, was ist dann der Zweck, gut zu sein?

Tatsache ist: Wenn du gut zu anderen bist, werden DIR gute Dinge geschehen, und wenn du schlecht zu anderen bist, werden **DIR** früher oder später schlechte Dinge geschehen, denn ALLES, was du tust, denkst und redest, kehrt IRGENDWANN EINMAL zu dir zurück. Vergiss nie: Das Lächeln, das du aussendest, kehrt zu dir zurück. Warum ist es dann so, dass so viele schlechte Menschen reich und scheinbar glücklich sind und gute Menschen manchmal hungern und all das Pech haben? Die Antwort auf diese und andere ähnliche Fragen ist die, dass gute Menschen, die in diesem Leben leiden, in einem Leben davor schlecht waren, während die schlechten Menschen spätestens in einem nächsten Leben leiden werden, als Ergebnis ihrer eigenen schlechten Gedanken und Taten. ABER: Der Grund dafür, dass es oft guten Menschen schlecht geht und schlechten Menschen gut, ist auch der, dass kein Mensch **nur** gut oder **nur** schlecht ist. Die meisten Menschen sind eben beides. Und darum verteilt sich das Ergebnis ihrer Verhaltensweise entsprechend auf dieses, aber auch auf die nächsten Leben.

Wir nennen es „das KARMA ausleben." Karma ist ein Wort aus einer alten indischen Sprache, Sanskrit genannt. Es bedeutet „handeln". Bereits im Physikunterricht wirst du lernen: Aktion = Reaktion. So ist dies auch mit dem Karma. Karma bedeutet also „handeln" oder Handlung oder Aktion. Und wenn du handelst, also in Aktion trittst, sei es gedanklich oder physisch, verursachst du eine Re-Aktion, die auf DICH zurückfällt. Jede Ursache hat ihre Wirkung. Tust du also Gutes, wird dir, wie bereits erwähnt, früher oder später Gutes geschehen, tust du Böses, so wird dies ebenfalls auf **dich** zurückfallen. Also noch einmal: TU NUR GUTES, egal, was andere darüber denken oder dir erzählen. Das bereits ange-häufte, schlechte Karma aus vergangenen Leben kannst du damit **nicht** einfach vernichten, du kannst es allerdings vielleicht mildern, doch du wirst damit auf jeden Fall neues schlechtes Karma **verhindern**, indem du NUR NOCH GUTES tust. Sei schlau. Lass die anderen nur reden oder dich vielleicht belächeln. Tu NUR Gutes und freue dich über ZWEI Dinge:

1. Du hast diejenigen glücklich gemacht, denen du gerade Gutes getan hast und 2. Es wird DIR früher oder später GUTES geschehen. Handle also nach dem altbekannten Sprichwort: „Was du nicht willst, das man dir tu, das füg' auch keinem andern zu!" Dazu passt DANN auch sehr schön der Bibelspruch: „Wie der Mensch sät, so wird er ernten!" Allerdings, wie ebenfalls bereits erwähnt, LEBEN FÜR LEBEN!

Soll man deshalb Menschen, die im Unglück leben, nicht helfen, weil sie das Unglück durch ihr eigenes Karma verursacht bzw. „verdient" haben? Wer so denkt, der denkt falsch, denn er wird, wenn er kein Mitleid mit anderen empfindet, SELBST irgendwann einmal das Karma der MIT-LEIDLOSIGKEIT ernten und erleben. So lernt der Mensch, Leben für Leben. Darum können wir den Bibelspruch erweitern zu: „Wie der Mensch sät, so muss er ernten, LEBEN FÜR LEBEN!" So hieß es auch **ursprünglich** in der Bibel, bis man dies (und anderes) geändert bzw. verkürzt hat vor über tausend Jahren.

PROBLEME

Jeder hat Probleme. Jungs haben Probleme, Mädchen haben Probleme, Männer und Frauen haben Probleme, auch Tiere haben Probleme, und ich denke, dass sogar **Steine und Pflanzen** Probleme haben, nur auf andere Art als wir, denn alles LEBT! Zum Beispiel: Glaubst du, es ist kein Problem für eine Blume, gepflückt zu werden und langsam zu sterben? Aber was auch immer das Problem, das du hast, sein mag, eines ist sicher: Gott weiß am besten, wie dein Problem zu lösen ist. Gott weiß, dass du ein Problem hast, **bevor** du es hast. Und du weißt, dass Gott in DIR ist, oder nicht? Also, wenn du ein Problem hast, geh von nun an in dein Zimmer, oder wo immer du allein sein kannst, und spreche zu Gott: „Lieber Gott, du weißt bereits, was mein Problem ist, ich muss es dir nicht einmal sagen, weil du ALLES weißt. ALSO ZEIGE MIR EINFACH DEN WEG, und ich werde gehorchen." Und das ist alles, was Gott [oder unser Höheres Selbst] möchte, dass du eine Schleuse, ein Vermittler bist oder wirst für Gottes Liebe und Weisheit auf Erden. Den Weg, den Gott für uns alle bestimmt hat, finden wir wiederum im BUCH DES LICHTS, aber auch in allen anderen Religionen, denn DAS BUCH DES LICHTS vereint sie. Und noch einfacher als ein Gebet an Gott ist MEDITATION. Du sitzt einfach nur bequem da, legst die Hände in den Schoß, schließt die Augen und beobachtest ALLES, was geschieht. Irgendwann werden alle störenden Einflüsse (Gedanken und Gefühle etc.) verschwinden. Du wirst immer mehr im ZENTRUM sein, und äußere Dinge werden immer unwichtiger.

Es mag sogar sein, dass deine Probleme durch regelmäßige Meditation ganz verschwinden. Du wirst ein Glück und eine Zufriedenheit fühlen, die nicht abhängig ist von äußeren Dingen. Du BIST einfach nur glücklich. Meditiere auf diese Weise jeden Tag eine halbe Stunde für dich, und du wirst die Wahrheit dieser Worte ERLEBEN. Das ist SEELENATEM MEDITATION. Mehr erfährst du in diesem gleichnamigen Büchlein:

Seelen-Atem
Meditation

LANOO (Christian Anders)

Wir alle sind eine Erweiterung von Gott. Gott ist in der Mitte, und wir sind an der Außenseite. Oder: Das Leben ist ein Kreis. Gott ist im Zentrum und wir auf dem Umfang, der Peripherie. Aber wir sind dennoch immer mit Gott verbunden, und entsprechend unserer Taten sind wir entweder näher oder weiter von Gott entfernt. Das heißt: Gott ist nicht irgendwo, wo man „ihn" nicht erreichen kann, Gott ist in DIR! Gott ist weder ein Mann noch eine Frau, Gott ist REINE BEDINGUNGSLOSE LIEBE!

Und deshalb werden wir eines Tages alle zu Gott zurückkehren. Und dann werden wir in Gott ruhen, wie wir in der Nacht ruhen, um dann neu zu erwachen, wie nach einem erholsamen Schlaf, um Gott wieder zu verlassen, indem wir physische Körper werden. Gott verlässt uns nie! Gott ist immer bei uns, UND NIEMALS irgendwo außerhalb in der physischen Welt. Warum ich vorhin, als ich Gott mit „ihn" bezeichnete, das in Anführungszeichen getan habe? Ich wiederhole: Gott ist kein Mann und keine Frau, sondern ein GEISTIGES WESEN, das höchste Wesen in der sichtbaren und unsichtbaren Welt, die höchste vorstellbare Seligkeit, bedingungslose Liebe. Wer hat Gott erschaffen? Niemand. Gott war immer da und wird immer da sein, so wie DU als GEISTIGES WESEN immer da warst und immer da sein wirst. Nur dein vergänglicher Körper, der wurde erschaffen. Wie dies im Einzelnen geschah und geschieht, wird im BUCH DES LICHTS gelehrt. Für jetzt genügt es für dich zu wissen: Während sich Menschen darüber streiten, ob es Evolution oder Schöpfung gab, also ob alles sich einfach entwickelt oder ob es erschaffen wurde, lehrt DAS BUCH DES LICHTS, es gab beides UND noch EIN DRITTES, nämlich das periodische Hervorkommen aller Wesenheiten oder Gottesfunken oder Monaden aus dem göttlichen Urgrund.

Und wenn du dich allein fühlst, dann ist dies nur, weil du denkst, du bist nur der Körper. Das Gefühl der GETRENNTHEIT ist die Ursache für alles Leid auf Erden und für alle Verbrechen. Wir sind aber gar nicht getrennt. Wir sind alle eins, vereint in GOTT, und nur hier unten scheinbar getrennt in der Materie. Du bist nicht nur der Körper. Du bist VIEL MEHR. Schau Dir mal die folgende Illustration an:

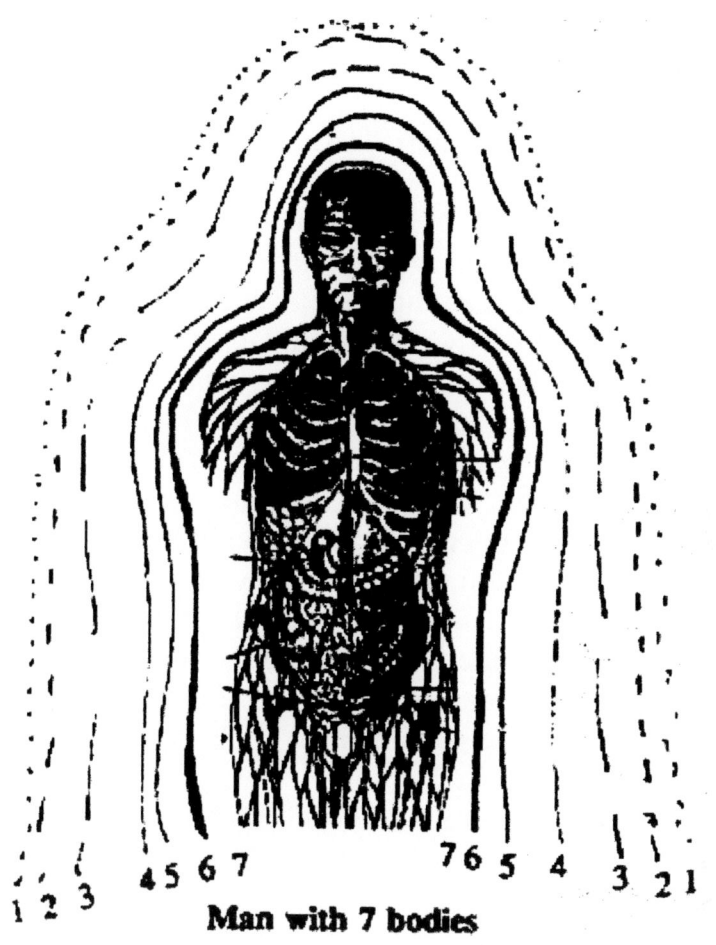

Man with 7 bodies

Der Mensch mit sieben Körpern

DAS ist der wahre Mensch. Eine GEISTIGES WESEN, ein Gottesfunken, umgeben von SIEBEN HÜLLEN, einem physischen Körper und sechs aurischen oder SEHR FEINSTOFFLICHEN Hüllen. Diese Hüllen leben alle auf ihren eigenen Bewusstseinsebenen und wollen nicht immer das, was du als geistiges Wesen willst, welches wir jetzt mal SEELE nennen. Um dies zu erreichen, und damit sich die Seele in der materiellen Welt ihrer GÖTTLICHKEIT voll bewusst wird, darum bist du hier, Leben für Leben, bis du weißt, dass du GOTT bist.

Du bist also in Wirklichkeit kein Körper, der eine Seele hat, sondern eine SEELE, die einen Körper hat. Wer so denkt, denkt richtig.

Und **darum** gehen alle Menschen, Tiere und Pflanzen, ja ALLES auf Erden, hier zu Schule.

Dies geschieht, zusammengefasst, folgendermaßen: Du, als Seele, warst bereits viele Male Stein, Pflanze und Tier, und du bist jetzt, mit all diesen Erfahrungen im Menschenreich in einem menschlichen Körper angelangt. Du kannst übrigens NICHT in ein Tier zurück inkarnieren. Es ist jedoch sehr wohl möglich, dass die vergänglichen Hüllen sich zeitweise, vor allem bei sehr bösen Menschen, im Tier-, Pflanzen-, Mineral- oder sogar HÖLLENREICH wiederfinden. Dies gilt für die Seele nicht. Sie verbleibt IMMER in dem Reich, in dem sie gerade angelangt ist und steigt irgendwann einmal höher hinauf. Im schlimmsten Falle vergisst die Seele eine schlimme Inkarnation und manifestiert auf der Ebene des „Versagens" neu. Es gibt also an sich gar keine guten oder bösen Menschen, sondern nur erfahrene und unerfahrene bzw. junge und alte Seelen. Wer absolut nicht lernen will, der muss eben „die Klasse wiederholen", so wie in der Schule ja manchmal auch.

Wozu das alles? Damit wir uns BEWUSST werden sollen, dass wir GOTT **sind**. Dieses Bewusstein unserer Göttlichkeit müssen wir hier in der materiellen Welt erlangen. Das ist also der wahre Grund für unsere vielen Inkarnationen bzw. Reinkarnationen. Wenn ich Gott bin, warum weiss ich das nicht gleich jetzt? Weil es einen großen Unterschied gibt zwischen Geist und Materie, und weil diese materielle Welt so DICHT ist, dass wir den göttlichen Funken, also GOTT, in uns kaum fühlen. Wenn wir aber nur oft genug zur Schule gehen, also oft genug reinkarnieren bzw. wiedergeboren werden, DANN werden wir wissen, dass wir GOTT **sind**, und unsere Lektion ist gelernt. WAS ist Gott? Du weisst es bereits. Gott ist BEDINGUNGSLOSE LIEBE, die also UNABHÄNGIG davon ist, ob man wieder geliebt wird oder nicht. Jeder kann für sich selbst feststellen, wie weit er noch von einem solchen Bewusstseinszustand und damit von Gott entfernt ist...

Wir gehen also Leben für Leben zur Schule.
Die Schule ist unsere Erde.

UND WAS ist das Klassenzimmer? Der menschliche Körper, sei er weiblich oder männlich.

FRÜHER, vor Millionen von Jahren, waren die Menschen Mann und Frau in EINEM Körper. Heute nicht mehr. Heute sind die Menschen in Geschlechter getrennt, in männlich und weiblich. Der Mann hat einen Penis, die Frau hat eine Scheide. Wenn Mann und Frau sich körperlich vereinen, entsteht neues Leben, ein Kind wird geboren.

Wie dies im Einzelnen geschieht, erklärt dir das Buch des Lichts bzw. ein zuständiger Erwachsener, wenn du alt genug bist.

Der menschliche Körper ist also das Klassenzimmer. Was ist der Unterrichtsstoff? Ich sagte es bereits: Es ist BEDINGUNGSLOSE LIEBE. Bevor wir diese nicht empfinden bzw. SIND, werden wir immer und immer wieder auf das Rad des Lebens und der Wiedergeburt geworfen, so wie ja auch ein Schulkind immer und immer wieder, Tag für Tag, zur Schule und durch viele Klassen gehen muss, bevor es das Lernziel erreicht hat. Wie erlangen wir bedingungslose Liebe? Indem wir anderen helfen, **ohne** an uns selbst zu denken. Ein Beispiel: Du siehst oder hörst, wie andere Schulkinder gemobbt werden? Dann musst du das SOFORT deinen Eltern oder den Lehrern mitteilen. Du bist Zeuge einer Gewalttat? Mische dich nicht ein, aber rufe um Hilfe oder mit dem Handy die Polizei. Spiele nicht den Helden. Das schadet meistens dir **und** dem anderen, dem du helfen willst... Dies bringt uns zu dem Thema

„Handys abziehen"

Du klaust jemandem das Handy oder „ziehst es ab"? Der wehrt sich vielleicht nicht, du hast das Handy und bist happy. Alles okay, keiner hat's gesehen, alles prima? Erstens ist es strafbar, jemandem etwas wegzunehmen. Man nennt es Diebstahl. Und zweitens hat es **doch** jemand gesehen. Du glaubst, du bist dem Gesetz entkommen? Vielleicht, und in diesem Falle, bist du dem augenblicklich herrschenden Gesetz entkommen und auch den Konsequenzen. Aber es gibt noch ein anderes Gesetz. Dem kannst du NICHT entkommen. Es ist das universale Gesetz von Ursache und Wirkung. **Gott sieht alles, auch mit Hilfe seiner Engel!** JEDE Ursache führt zu einer Wirkung. Du hast jemanden bestohlen und vielleicht auch noch Gewalt angewendet? So wird es dir geschehen. Nun magst du einwenden, dann geht es halt immer so weiter, Leben für Leben. Dann hast du eben noch nicht genug gelitten. Dann wird das LEIDEN dein Lehrmeister sein, bis dir so üble, schlimme Dinge geschehen, dass du tief in dir ENDLICH begreifst, dass ALLES, was dir geschieht, VON DIR ALLEIN verursacht wurde! Aber so weit muss es nicht kommen, so tief musst du nicht fallen. Beginne JETZT damit, diesen Kreislauf des Bösen zu unterbrechen, indem du von heute an nur noch GUTES tust. Das mag dir nicht immer gelingen, doch mit der Zeit wird es dir immer leichter fallen, NUR GUTES zu tun. Dann wird auch DIR **nur** Gutes geschehen, spätestens dann, wenn die Welle des alten, negativen Karma ausgelaufen ist.

DEIN LEBENSZIEL

Du möchtest vielleicht der größte Schauspieler, der größte ROCKSTAR, oder sonst wie der mächtigste und reichste Mensch der Welt werden? Das ist nicht unbedingt das, was gemeint ist, was du sein sollst. Es ist gemeint, dass du das Größte und Beste sein sollst, was DU sein **kannst**, und nicht notwendigerweise größer und besser **als andere.** Und das Größte und Beste, was du sein kannst, ist, ANDEREN ZU HELFEN! Das ist es, was Gott von dir will, was du sein und tun sollst. Du hast bereits ein Ziel, einen Plan, was du sein oder werden möchtest? Dann folge diesem Ziel mit HINGABE, aber nicht mit EHRGEIZ. Der Ehrgeiz frisst früher oder später alle Ehrgeizigen auf. Wettbewerb macht nur Sinn, wenn du dich fragst: Wie viel kann ich **anderen** geben? Wie kann ich mit meiner Begabung und meinen Fähigkeiten und Zielen **anderen** helfen? Wie kann das, was ich erreichen will, ANDEREN HELFEN? Und nicht: Wie viel springt dabei materiell für mich heraus? Die Natur Gottes ist GEBEN und nicht Nehmen. Und je mehr Du GIBST, umso glücklicher wirst du werden, denn umso GOTTGLEICHER wirst du, und Gott ist nun mal ABSOLUTE SELIGKEIT UND BEDINGUNGSLOSES GLÜCK.

Wenn du das einmal verstanden hast, dann wirst du erkennen: ICH BRAUCHE GAR NICHTS, um glücklich zu sein! Die Welt aber will nicht, dass du so denkst. Sie will, dass du unnötige Dinge kaufst, damit die Reichen immer reicher und die Armen immer ärmer werden. Mach nicht mit bei diesem Spiel! SEI FREI. Meditiere jeden Tag und erlebe das Glück UNABHÄNGIG VON PERSONEN UND DINGEN. Dann bist du IMMER glücklich und kannst anderen helfen, dieses Glück ebenfalls zu finden.

Ich frage dich jetzt einmal etwas: Welcher Junge tut das richtige, ein Junge, der freundlich und hilfsbereit zu anderen Kindern ist, oder dieser hier rechts im Bild?

Natürlich tut der Junge **rechts** im Bild das Falsche, und **der** Junge das Richtige, der FREUNDLICH zu anderen ist und ihnen hilft, denn es gibt nichts Schöneres auf der Welt, als anderen zu helfen. Wenn du anderen nicht hilfst und nicht gut zu ihnen bist, dann wirst du am Ende, früher oder später, sei es in diesem Leben oder in einem nächsten Leben, sehr, sehr einsam sein. Du weißt ja, Karma und Wiedergeburt...

Und dann wirst **du** vielleicht wieder geboren als ein böses Mädchen oder ein böser Junge... Du wirst einsam sein und Angst haben. Und aus dem einsamen, ängstlichen Jungen wird vielleicht ein aggressiver, böser Erwachsener.

Dies gilt natürlich für Jungs UND Mädchen. Böse Männer und Frauen werden möglicherweise wiedergeboren als ängstliche, hasserfüllte Kinder, Jungen und Mädchen, oft mit lieblosen Eltern. Sag aber jetzt nicht, die haben's ja dann verdient, sonst erwischt DICH gleich das schlimme Karma der Mitleidlosigkeit, und dann wirst DU irgendwann darunter leiden.

Jetzt, wo du Bescheid weißt, ist es deine Aufgabe, diesen Menschen zu HELFEN, so gut du kannst, am Besten natürlich durch die Verbreitung der Lehre des BUCHES DES LICHTS.

Sieh nur: Ein hasserfüllter Mensch zieht andere hasserfüllte Menschen an, und es werden immer mehr.

Sie rotten sich zusammen und beginnen einen Krieg.

Und das Ergebnis ist: TOTALE ZERSTÖRUNG. So schließt sich der Kreis der Gewalt. Soweit muss es aber nicht kommen bzw. es DARF nicht mehr dazu kommen. DAS BUCH DES LICHTS wird dies verhindern.

Vergiss niemals: Gewalt ist keine Lösung von Problemen. Denn Gewalt erzeugt nur immer wieder neue Gewalt. LIEBE ist die Lösung aller Probleme in der Welt. Doch es muss eine Liebe sein, basierend auf dem rechten Wissen über Ursprung und Bestimmung von Mensch und Universum, sonst ist es eine ziellose Liebe, die nicht so wirksam ist, wie sie es sein sollte. Außerdem: Wirklich groß ist nicht derjenige, der tausend Mann in der Schlacht besiegt, sondern wer seine eigenen Schwächen besiegt. Wirklich groß sind nur die MORALISCH Großen. Alle anderen, ganz gleich wie hoch ihre Stellung sein mag, sind nur SCHEINBAR groß und wichtig und werden und MÜSSEN durch Karma und Wiedergeburt lernen.

DIE ENTWICKLUNG DER LEBEWESEN

VOR der physischen Entwicklung gab es auf Erden eine FEINSTOFFLICHE, so fein, dass alle Lebewesen im Vergleich zu heute fast **durchsichtig** waren. Und so wird es auch wieder sein. Eines Tages werden wir nicht aufhören, zu lächeln, wenn wir gehen, werden wir schweben, und LICHT wird aus unseren Augen brechen. Wir sind GÖTTER IM WERDEN.

Darum vergiss niemals: Du bist ein GEISTIGES Wesen, für dieses Leben in einem physischen Körper geboren. Der Körper will oft etwas, das man NICHT tun sollte. Warum ist dies so? Weil du nicht nur **einen** Körper hast, sondern, wie bereits erwähnt, sogar SIEBEN. Und weil die Menschen viele Leben lang zu sehr auf den physischen KÖRPER gehört haben und nicht auf den GOTT in ihnen, leiden sie. Meide (auch später als Jugendlicher und Erwachsener) Drogen, Alkohol, Zigaretten und Fleischgenuss. **Sie** verursachen in dir negative Schwingung und bringen dich in Verbindung mit Ebenen, die dir und anderen VIEL LEID zufügen könnten.

Dies wiederum bringt uns zu dem Thema

ERNÄHRUNG

Muss man unbedingt Fleisch essen? Stirbt man, wenn man kein Fleisch isst?
Bedenke doch das Leid der geschlachteten Tiere. Jeder verantwortungs-volle Biologe und Ernährungswissenschaftler wird dir bestätigen, dass sich der Mensch sehr wohl FLEISCHLOS ernähren kann. Selbst die Bibel und der Koran ermutigen den Menschen, sich fleischlos zu ernähren. Genaueres darüber findest du im BUCH DES LICHTS.

Was war ich?

Was war der Mensch, BEVOR er Mensch wurde? Die Antwort kennst du bereits: Du warst VIELE MALE Stein, Pflanze und Tier, und du kamst DANN ERST, vor vielen Millionen Jahren, ins Menschenreich.

DER TOD

Du kannst gar nicht sterben, denn du bist eine unsterbliche Seele, von Gott in diese materielle, vergängliche Welt gesandt. DEIN KÖRPER aber kann und wird sterben. Warum kommt man dann wieder? DAS VERLANGEN nach dem Leben bringt dich zurück, durch den Vorgang der Reinkarnation, in einen NEUEN Körper.

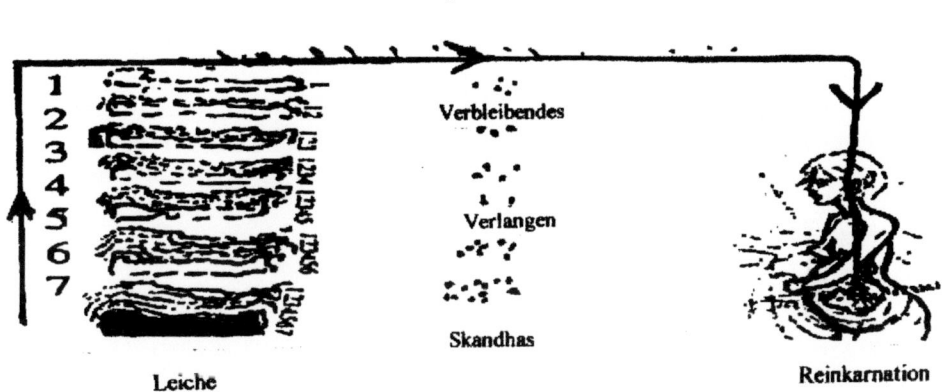

Die Illustration zeigt, von links nach rechts, wie die feinstofflichen Hüllen sich vom physischen Körper im Tod lösen und auf ihren eigenen Ebenen leben und vergehen. Dabei werden auf jeder Ebene so genannte Permanente Atome (Skandhas) hinterlassen, in welchen die Erfahrungen des vergangenen Lebens gespeichert sind sowie das Verlangen nach neuem Leben, und schließlich wird dadurch die geistige Wesenheit (dann rechts im Bild) in einen neuen befruchteten Schoß gezogen und inkarniert bzw. reinkarniert, wird wiedergeboren als neuer Mensch. Wenn du alles Verlangen überwunden hast, bist du mit Gott bzw. dort, wo sogar Gott herkommt und musst nicht mehr in die vergängliche, darum meist leidvolle Welt zurückkehren. Man nennt diesen Zustand dann NIRVĀNA. Es ist kein physischer Ort, sondern der Urgrund allen Seins, also JENSEITS von Erde, Hölle und Himmel. Es ist die FREIHEIT von allem Verlangen nach vergänglicher Existenz. Wer dies NICHT will, der soll nur Gutes tun, dann wird man glücklich geboren, lebt glücklich und stirbt glücklich. OM.

Wenn das alles so ist und man schon viele Male da war, warum erinnert man sich nicht an die vergangenen Leben und an die Menschen, die man dort getroffen hast? So fragen viele Menschen und nehmen es als Beweis dafür, dass es keine vergangenen Leben gibt, weil sie sich nicht daran erinnern können.

Doch welch seltsame Frage ist das! Kannst du dich etwa erinnern an die Zeit, als du im Bauch deiner Mutter warst? NEIN. Und dennoch warst du in ihrem Bauch. Nach den Fragen der Zweifler warst Du demzufolge NICHT im Bauch deiner Mutter, weil du dich nicht daran erinnern kannst! Man muss die Sache also anders angehen.

Nun, du erinnerst dich sehr wohl an vergangene Leben. Hier nur einige Beispiele:

1. Wenn du jemanden zum ersten Male siehst und er dir SOFORT VERTRAUT vorkommt, dann kanntest du diesen Menschen bereits aus einem anderen Leben. Wenn er dir sofort UNSYMPATHISCH ist, gilt meist das Gleiche, dann ist Vorsicht geboten. Sei jedoch deshalb nicht feindlich ihm gegenüber, nur vorsichtig. Vielleicht wurde er dir sogar gesandt, um dir zu HELFEN, um so seine karmische Schuld bei dir zu begleichen bzw. abzutragen.

Sage aber NIEMALS: „Diesem und anderen Menschen geht es schlecht, weil das ihr Karma ist, und darum sollen sie es nun auch erleiden." Denn: Es ist auch DEIN Karma, ihnen zu helfen, IHR Karma abzutragen. Wenn du das nicht tust, wirst DU, man kann es nicht oft genug wiederholen, SELBST das Karma der Mitleidlosigkeit erfahren. Außerdem weißt DU ja nicht, welches Karma noch auf DICH wartet, denn selbst wenn du in DIESEM Leben nur Glück und Zufriedenheit erlebst, bedeutet dies nicht, dass es sich im nächsten Leben nicht ändern kann. Karma arbeitet NICHT immer Leben für Leben, sondern es wartet manchmal, bis die nötigen Umstände gegeben sind, auch ein NEGATIVES oder positives Karma auszuleben. Sei dir darum nie zu sicher! Du weißt ja bereits: Am Karma, das auf dich noch wartet, kannst du nicht viel ändern, aber das ZUKÜNFTIGE GUTE Karma, das kannst du dir sehr wohl und AB SOFORT sichern, indem du NUR, ich wiederhole NUR Gutes tust. OM. Sei schlau, tu nur GUTES, damit **Dir** früher oder später nur Gutes widerfährt. Das nennt man „gesunden Egoismus". Ich weiß, dass viele nun sagen werden: Sollte man nicht einfach Gutes tun, nur um des Guten Willen? Das stimmt, aber es gibt viele Menschen, die nur durch eine solche Lehre endlich dazu bewegt werden, **überhaupt** Gutes zu tun, also aus „gesundem Egoismus". Früher oder später werden sie dann das Gute nur um des Guten Willen tun, weil sie erfahren, wie beglückend das ist.

2. Du hast ein besonderes Talent, interessierst dich für Musik, Malerei, Mathematik, handwerkliche Dinge oder andere Tätigkeiten bzw. Berufe? Dann kannst du sicher sein, dass du dich bereits in einem vergangenen Leben damit beschäftigt hast. Ein Beispiel dafür ist der berühmte Komponist Wolfgang Amadeus Mozart, der als kleiner Junge bereits ein *andante* und ein *allegro* komponierte. Das lernt man in dem Alter noch auf keiner Schule. Der Grund für diese Begabung ist, im Falle des Mozart, dass er sich viele Leben lang mit Musik beschäftigte. Talent ist also an sich nichts weiter als das Ergebnis wiederholter, gleicher Tätigkeit - viele Leben hindurch.

3. Wichtig zu wissen ist auch noch Folgendes: Die gleichen Seelen kommen viele Leben in verschiedenen „Rollen" zusammen, mal als Liebende, als Freunde, mal als Eheleute, Geschwister und auch auf anderer verwandtschaftlicher Ebene. Das ist so, weil Gott will, dass wir ALLE Arten der Liebe erfahren, bis wir **bedingungslose** Liebe WERDEN.

Dies waren nur einige von VIELEN Beispielen des Sich-Erinnerns an vergangene Leben. Alle anderen findest du im BUCH DES LICHTS und den anderen Büchern von Lanoo.

Und wenn Du reif und bereit dazu bist, dann wirst du dich an NOCH VIEL MEHR erinnern...

Wenn du nun aber NICHT MEHR in diese vergängliche Welt in einen vergänglichen Körper zurückkehren willst, dann hast du, wie bereits erwähnt, die Möglichkeit, NIRVĀNA zu erlangen und wieder eins mit Gott zu werden oder NIRVĀNA zu entsagen, um weiter den Menschen zu dienen. DAS BUCH DES LICHTS sowie DIE BOTSCHAFT DES WAHREN GOTTES NIRVĀNA zeigen Dir den Weg dorthin.

Auch Krankheiten sind ebenfalls karmisch verursacht. Krankheiten und ihre karmischen Ursachen sowie der Heilungsvorgang sind im BUCH DES LICHTS, aber auch in DER SINN DES LEBENS - NIRVĀNA, Band 2, beschrieben.

DEIN SCHUTZENGEL

Was ist eigentlich ein Engel? DAS BUCH DES LICHTS lehrt, dass ein Engel ein feinstoffliches Wesen ist, aus einer feinstofflichen, uns meist noch nicht sichtbaren Ebene, der Astralwelt.

KINDER allerdings sehen manchmal ENGEL, weil Kinder eben noch rein und unschuldig sind und nicht so materiell „verhaftet" wie die meisten Erwachsenen. Wenn ein Engel sich in unserer Welt zeigt, dann verfestigt sich seine feinstoffliche Struktur etwas, und wir bekommen den Eindruck von Flügeln. Alle Engel der höheren Seinsebene sind geschlechtslos, also weder männlich noch weiblich.

Alle Kinder haben einen Schutzengel. Sieh mal:

Du wirst dich vielleicht jetzt fragen: Wenn alle Kinder einen Schutzengel haben, warum leiden dann so viele Kinder auf Erden, während es
anderen Kindern gut geht? Die Antwort darauf wurde dir bereits in diesem Buch gegeben. Es ist KARMA. Jeder Mensch muss sein Karma ausleben. Die Schutzengel können helfen, das schlimme Karma so weit wie

möglich zu mildern, doch AUCH SIE stehen unter dem Gesetz IHRES Karma und dürfen nur helfen, so weit es ihnen gegeben ist, ohne den karmischen Lernvorgang im einzelnen Menschen zu sehr zu beeinflussen. Selbst Kinder, denen es sehr schlecht geht und die so ihr Karma ausleben, selbst denen würde es VIEL SCHLECHTER gehen, wenn nicht ein Schutzengel das ihm Mögliche tun würde, um das Leid eines solchen Kindes zu lindern, allerdings nur soweit das Karma des Engels es dies zulässt. Wie mächtig und segensreich zugleich ein Engel sein kann, hören wir in dem Lied *DEVA – Die Botschaft.*

Sei dir bewusst, dass es nicht nur gute Engel bzw. Astralwesen gibt, sondern auch astrale Dämonen, welche den Menschen oft dazu bringen, unüberlegte, böse Dinge zu tun und sie zum Fleisch- und Alkoholgenuss zu verführen! Wie man sich am Besten vor solchen Dämonen schützt? Indem man sich das Wissen dieses Buches aneignet und auch danach **lebt**. Das bedeutet: Lebe vegetarisch, trinke keinen Alkohol und rauche nicht. Denn Fleischgenuss, Rauchen und Alkohol ziehen die niederen Dämonen aus der unteren Astralwelt an, und früher oder später wirst du deren Opfer sein. Wie man diese unheilvollen Einflüsse vermeidet bzw. sich davon abschirmt? Singe und spiele DIE MANTRA „Om Mani Padme Hum."

Übrigens: Eigentlich gibt es gar keine Kinder. Es gibt nur reinkarnierte Erwachsene, denn in deinem vergangenen Leben warst du ein Erwachsener, es sei denn, du bist da bereits als Kind gestorben, dann warst du eben in dem Leben DAVOR ein Erwachsener und bist als solcher gestorben. Nur, wenn du diese Zusammenhänge wirklich **verstehst**, wirst du auch für andere eine Hilfe und Unterstützung sein auf deiner langen Reise in vielen Körpern und Wiedergeburten durch diese Welt.

In der folgenden Illustration siehst du den
Kreislauf der Wiedergeburt.

Du wirst dich sicher fragen: Was ist die Ursache für all das Leid und das Elend auf Erden? Es sind unter anderem die vielen trennenden Religionen, die gar nicht wissen bzw. die vergessen haben, dass sie eigentlich alle dasselbe lehren, nur in unterschiedlicher Symbolik und verhüllt von Gleichnissen. Wie kann man sie vereinen? Dies geschieht durch *DAS BUCH DES LICHTS.*

Noch etwas: Schuld an allem Unglück in der Welt sind nicht nur die verschiedenen getrennten Religionen, sondern auch das zinsbelastete Geldsystem. Wenn du alt genug bist, werden deine Eltern oder andere Erwachsene dir sagen, was damit gemeint ist.

RASSISMUS

Hüte dich vor Rassismus. Durch das Prinzip von Karma und Wiedergeburt kann ein weißer Mensch im nächsten Leben in einen schwarzen, gelben oder roten Körper wiederkehren bzw. wiedergeboren werden und umgekehrt. LIEBE ALLE MENSCHEN! TU NUR GUTES! SEI SCHLAU! Lass die anderen nur reden. Du WEISST, sie wissen NICHT. Und das Beste, das du tun kannst, ist, die Lehre von Karma und Wiedergeburt zu verbreiten, damit irgendwann einmal alle Menschen nur Gutes tun, um andere und sich selbst vor Bösem zu bewahren!

KARMA UND WIEDERGEBURT IN BIBEL UND KORAN

BEDENKE: Es geht um die Sicherung deiner nachtodlichen Existenz UND der danach folgenden Leben. DENN: Nach dem Tode, also nachdem du deinen physischen Körper abgelegt hast, LEBST DU WEITER, entweder im Himmel oder in der Hölle, das hängt von deinem Verhalten auf Erden ab. Danach aber wirst du in einem neuen Körper wiedergeboren. Ein ewiges Leben in einem Himmel oder einer Hölle gibt es nicht. Das steht zwar in der Bibel, ist aber eine falsche Übersetzung aus dem Griechischen.

Wenn es nur EIN Leben gäbe, dann bräuchtest du dieses Buch nicht zu lesen. Dann könntest du einfach so drauflos leben, nach dem Motto „ ... und nach mir die Sintflut!" Wer so denkt, der wird die ganze Schärfe des kosmischen Gesetzes erfahren, welches WIRKT, ob man daran glaubt oder nicht.

Außerdem: Wenn du Christ oder Muslim bist, dann wirst du vielleicht denken: Ich möchte gerne an Reinkarnation glauben, aber in der Bibel und im Koran steht nichts von Reinkarnation!

Dem ist jedoch nicht so. In Bibel UND Koran wird REINKARNATION bzw. KARMA UND WIEDERGEBURT gelehrt. Die Christen allerdings haben die Lehre von Karma und Wiedergeburt wieder aus dem Kirchendogma entfernt, und zwar unter anderem beim Konzil zu Konstantinopel. Einige Textstellen, die auf Karma und Wiedergeburt deuten, sind allerdings noch in der Bibel verblieben. Wenn du wissen willst, WO in der Bibel und im Koran Reinkarnation gelehrt wird und welche Reinkarnation-Stellen man aus der Bibel entfernt hat, dann bitte deine Eltern, dir dies im BUCH DES LICHTS, vor allem in Band VI, aber auch in DIE WAHRE BEDEUTUNG DER BIBEL, zu zeigen und zu erklären.

Hier endet DAS BUCH DES LICHTS FÜR KINDER. Ergibt das, was Du gelesen hast, einen SINN für Dich? Dann bitte Deine Eltern oder eine Vertrauensperson, Dir MEHR über diese Lehre zu erzählen. Alle Antworten auf deine Fragen findest du im BUCH DES LICHTS. Außerdem gibt es DAS ILLUSTRIERTE BUCH DES LICHTS sowie ein illustriertes Poster, in dem die ganze Lehre über Ursprung und Bestimmung von Mensch und Universum auf einen Blick zu sehen ist.

Nun sei beschützt, und möge dir nur Gutes geschehen.

Mögen alle Wesen glücklich sein!
Möge ihnen nur Gutes widerfahren!
Liebe und Licht
♡
Lanoo (Christian Anders)

Hier sind noch einige Bilder aus dem Buch.
Vielleicht möchtest du sie farbig ausmalen?
Viel Spaß damit!

41

Wenn du mehr erfahren möchtest:

Das illustrierte Buch des Lichts
ISBN 3831100500
Das Buch des Lichts, Band I
ISBN: 978-3-937699-05-9
Das Buch des Lichts, Band II
ISBN: 978-3-937699-10-3
Das Buch des Lichts Band III
ISBN: 978-3-937699-26-4
Das Buch des Lichts Band IV
ISBN: 978-3-937699-32-5
Das Buch des Lichts Band V
ISBN: 978-3-937699-36-3
Das Buch des Lichts Band VI
ISBN: 978-3-937699-38-7

<u>Bestellen und mehr Info</u>

Bücher, Hörbücher, CDs und DVDs
Verlag Elke Straube
01778 Geising,
Lindenallee 18
Fon: 0174/13 34 337
Fax: 035056/23784
Internet : <u>www.straube-verlag.com</u>, <u>elke.straube@web.de</u>

<u>Bestellen:</u>
<u>www.amazon.de</u>, <u>elke.straube@web.de</u>
oder in jeder Buchhandlung!